1일 1도전
말놀이 글쓰기

교과 연계 추천 도서

국어 2학년 1학기 2단원 말의 재미가 술술
국어 3학년 1학기 1단원 생생하게 표현해요
국어 4학년 1학기 5단원 말과 글을 전하는 생각
국어 5학년 1학기 9단원 여러 가지 방법으로 읽어요
국어 6학년 1학기 1단원 비유하는 표현

사고력을 키우는 초등 글쓰기 1

1일 1도전
말놀이 글쓰기

2025년 4월 30일 초판 1쇄

글 김점선·임태리   그림 임태리
펴낸이 김숙분   디자인 김은혜   홍보·마케팅 최태수
펴낸 곳 (주)도서출판 가문비   출판등록 제 300-2005-60호
주소 (06732) 서울 서초구 서운로19, 1711호(서초동, 서초월드오피스텔)
전화 02)587-4244/5   팩스 02)587-4246   이메일 gamoonbee21@naver.com
홈페이지 www.gamoonbee.com   블로그 blog.naver.com/gamoonbee21/
제조국 대한민국   사용 연령 8세 이상
주의 사항 종이에 베이거나 긁히지 않게 조심하세요.
ISBN 978-89-6902-790-0   73700

ⓒ 2025 김점선·임태리

- 책값은 뒤표지에 있습니다.
- 잘못된 책은 구입하신 곳에서 바꾸어 드립니다.
- 이 책의 내용과 그림은 저자와 출판사의 허락 없이 사용할 수 없습니다.

1일 1도전
말놀이 글쓰기

김점선 글
임태리 글·그림

가문비
어린이

작가의 말

"글쓰기는 너무 어려워!"
"뭘 써야 할지 하나도 모르겠어!"
"어떻게 시작하지?"

혹시 이런 생각을 해 본 적 있어? 그런데 말이야, 글쓰기는 마법 같은 힘을 가지고 있어! 우리가 하루에 한 장씩 글을 쓰면, 머릿속에서 작은 씨앗이 자라나기 시작해. 처음엔 아무 생각이 없던 것 같은데, 손을 움직이다 보면 새로운 아이디어가 퐁퐁 떠오르지! 그러다 보면 너만의 멋진 생각이 자라나고, 말도 글도 술술 나오게 된다는 거지. 신기하지?

글쓰기를 하면 뭐가 좋아질까?
생각이 깊어져!
글을 쓰다 보면 "아! 이렇게 생각할 수도 있구나!" 하고 깨닫게 돼.

창의력이 자라!

엉뚱한 생각도 써 보고, 재미있는 이야기도 만들다 보면 나만의 멋진 아이디어가 반짝반짝 빛나게 돼.

말도 잘하게 돼!

글을 쓰면서 생각을 정리하는 연습을 하면, 친구들이랑 이야기할 때도 할 말이 술술 나오게 돼.

글쓰기를 어떻게 하면 좋을까?

글쓰기는 사실 누구나 재미있게 할 수 있는 놀이 같아. 처음에는 규칙이 낯설고 어렵지만, 익숙해지면 친구들과 즐겁게 할 수 있잖아. 글쓰기도 마찬가지야. 처음에는 조금 어렵게 느낄 수 있지만, 한 걸음씩 연습하다 보면 금방 재미를 느낄 수 있지.

글을 잘 쓰는 비법 알려줄게.
첫 번째, 좋은 글을 많이 읽자!

책을 읽다 보면 자연스럽게 멋진 문장들을 만나게 돼. 마음에 드는 문장은 따라 써 보는 거야! 그러면 멋진 표현이 나도 모르게 내 것이 되는 거지.

두 번째, 말놀이로 시작해 보자!

처음부터 긴 글을 쓰려면 부담스럽잖아? 아이디어도 안 떠오르고 말이야. 그럴 때는 다양한 방법의 말놀이로 글쓰기 근육을 키우는 것부터 시작해 봐. 말놀이를 하다 보면 어느새 머릿속에 글감을 떠올리는 힘이 생겨날 거야.

세 번째, 창의적인 생각을 꺼내는 법을 연습하자!

사실 글쓰기는 머릿속 생각을 말 대신 글로 적는 거잖아. 그래서 어떤 생각을 떠올리냐에 따라 글이 참신한지 그렇지 않은지가 결정돼. 아무리 멋진 문장을 써도 생각이 창의적이지 않으면 좋은 글이 될 수 없다는 말이지. 이 책 「1일 1도전 말놀이 글쓰기」를 통해 너의 생각을 창의적으로 만들 수 있어. 어때, 근사하지?

네 번째, 정답이 있다고 생각하지 말고 편하게 써 보자!

그냥 친구한테 말하듯이 써 보면 훨씬 쉬워져. 틀릴까 봐 걱정하지 말고, 이야기를 내 방식대로 적어 보면 돼! 정답은 없어! 네가 정답을 만들어가는 거야. 알겠지?

이 책은 50가지 말놀이로 글쓰기를 차근차근 또 재미있게 배워 볼 수 있는 비법 노트야. 하루 한 가지씩 말놀이를 하다 보면, 글쓰기가 어려운 게 아니란 걸 알게 될 거야!

그럼, 우리 같이 시작해 볼까?

" 이 책의 활동 방법을 알려줄게 "

글쓰기를 도와 줄 친구

1. 네 컷 만화에 글쓰기 순서가 제시되어 있어. 1단계-2단계-3단계를 글동이, 글멍이와 함께 읽어 봐.

2.

1컷	2컷
3컷	4컷

1컷 말놀이 소개, 2컷~3컷 방법 소개, 4컷 완성 예시 글이 수록되어 있어.

3. 네 컷 만화를 참고해서 오른쪽 글 놀이터에 네가 직접 써 보면 완성!

차례

1. 10문 10답 — 12
2. 끝말잇기 빙고 — 14
3. 첫 글자 비밀 편지 — 16
4. 점점 동시 — 18
5. 비유 말놀이 — 20
6. 모음 말놀이 — 22
7. 카드 짝 시 쓰기 — 24
8. 계절 동요 — 26
9. 의성어, 의태어 말놀이 — 28
10. 초성 퀴즈 말놀이 — 30
11. 반대말 짝 말놀이 — 32
12. 비슷한 말 묶어 마을 만들기 — 34
13. 10분 아무 말 글 쓰기 — 36

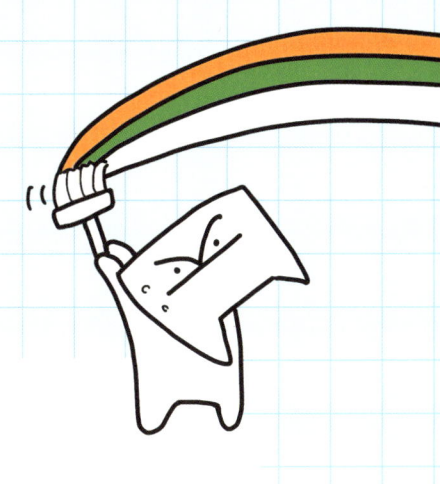

14. 수수께끼 말놀이	38
15. 애벌레 똥 싸기	40
16. 삼행시/사행시/오행시	42
17. 요일 나라	44
18. 꾸며 주는 말 이모티콘	46
19. 사계절 콘테스트	48
20. 숨은 숫자 동시	50
21. 고고로 끝나는 말	52
22. 속담 이야기	54
23. 무지개 말놀이	56
24. 말꼬리 이어 이어	58
25. 고민 해결 요리 레시피	60

26. 꿈 편지	62
27. 가~하 말놀이	64
28. '~주세요' 동시	66
29. ㄱ~ㅎ 독후감	68
30. 말 덧붙이기	70
31. 소리를 들어봐 동시	72
32. 알쏭달쏭 수수께끼	74
33. 꽁지따기 말놀이	76
34. 스무고개 탐정	78
35. 주고받는 말놀이	80
36. 뒤 속담 맞추기	82
37. 1분 생각	84

38. 겪은 일 쓰기	86
39. 십자말놀이	88
40. 거꾸로 단어 노래	90
41. 묘사 글쓰기	92
42. 사다리 타기	94
43. 나만의 날씨	96
44. 다섯 글자	98
45. 오감 쓰기	100
46. 그림 글자	102
47. 내 마음대로 옛이야기	104
48. 숨겨진 단어 찾기	106
49. 나도 작가	108
50. 북리뷰 쓰기	110

1. 10문 10답

- 나를 소개하는 방법으로, 10가지 질문을 만들고 답하면서 글을 쓰는 것

1단계 자신을 관찰하기

2단계 10가지 질문 만들기

이름은?
나이는?
좋아하는 것은?
싫어하는 것은?
기억에 남는 장소는?
잘하는 것은?
어려워하는 것은?
올해 꼭 해 보고 싶은 것은?
혼자 있을 때 주로 하는 것은?
무서워하는 것은?

3단계 질문에 답하기

이름은?	글동이
나이는?	너랑 같아
좋아하는 것은?	체육, 글쓰기, 글멍이
싫어하는 것은?	오이, 휴지 없는 화장실

근사해

반짝 반짝

1단계 자신을 관찰하기

2단계 10가지 질문 만들기

	질문	답
1		
2		
3		
4		
5		
6		
7		
8		
9		
10		

3단계 질문에 답하기

2. 끝말잇기 빙고

끝말잇기 빙고

- 먼저 끝말잇기로 빙고 칸을 채우고, 그중 한 줄 빙고를 골라서 글을 쓰는 것

가로줄, 세로줄 대각선줄 어떤 줄도 OK!
자신 있다면 두 줄도 좋아!

1단계 끝말잇기로 빙고 칸에 낱말을 채우기

사과	과자	자전거	거인	인사
보자기	기차	차표	표주박	사자
심술보	이모	모자	박자	자연
불조심	오이	라디오	자라	연필
이불	금리	임금	통조림	필통

*림은 임으로 바꿀 수 있음
*리는 이로 바꿀 수 있음

2단계 한 줄 빙고를 고르기

사과	과자	자전거	거인	인사
보자기	기차	차표	표주박	사자
심술보	이모	모자	박자	자연
불조심	오이	라디오	자라	연필
이불	금리	임금	통조림	필통

3단계 글쓰기

내가 고른 낱말: 사과, 기차, 모자, 자라, 필통

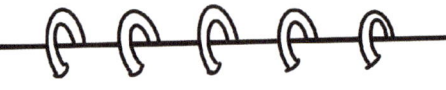

내일은 광주에 사시는 할머니 생신이다.
그래서 엄마, 아빠, 나는 지금 **기차**를 타고 광주로 향하고 있다. 엄마는 할머니가 좋아하시는 **사과**즙을 생신 선물로 준비했다. 아빠께서 할머니 것만 준비하면 할아버지께서 서운하시다고 좋아하시는 **모자**를 준비했다. 나는 어젯밤에 쓴 생신 축하 카드와 **자라** 모양의 옥돌을 **필통**에 넣어서 가지고 간다. 빨리 할머니, 할아버지를 만나 뵙고 싶다.

1단계 끝말잇기 빙고 채우기

2단계 한 줄 빙고 고르기

(,   ,   ,   ,   )

3단계 글쓰기

3. 첫 글자 비밀 편지

누구에게 비밀을 전하고 싶은데 다른 사람이 모르게 말이야. 그때 '첫 글자 비밀 편지' 방법을 사용해 봐. 첫 글자에 전하고 싶은 말을 숨겨 놓는 거야.

1단계 전하고 싶은 말을 결정해

2단계 맨 앞에 올 글자를 먼저 쓰기

3단계 앞 글자와 이어지는 뒤 문장 완성하기

오늘 아침에 기분이 좋았어.
후~불어오는 가을바람이 선선했거든.
두리번 둘러보니 단풍잎도 예쁘게 물들었더라.
시원한 바람을 맞으며 자전거 타기에 딱 좋은 날이야.
문득 그때 일이 떠올랐어.
구구단을 함께 주고받으며 외웠잖아.
점점 자신이 생겼지. 너랑 같이 외우니까. 너는 정말 좋은 친구야.

1단계 전할 말 정하기

2단계 앞 글자 세로로 적기

3단계 2단계의 앞 글자에 이어지는 문장 완성하기

1단계 '점점 커지는 것' 또는 '점점 작아지는 것' 생각하고, 소재 정하기

내가 정한 소재:

2단계 1단계에서 소재로 쓸 내용 꺼내기

3단계 시의 행과 연을 생각하며, 시 쓰고 어울리는 그림 그리기

제목 :

5. 비유 말놀이

비유 말놀이

- 어떤 사물을 다른 사물에 빗대어 표현하는 기법인 비유를 활용해서 쓰는 것

1단계 주변의 사물, 사람 등을 떠올려 봐

구름, 하늘

엄마, 아빠, 동생

교실, 선생님, 책상

2단계 가지를 그려 특징을 적기

엄마-다 알고 있다.
아빠-행동이 느리다.
동생-꾀가 많다.
책상-서랍에 많은 것이 들어간다.
하늘-지구를 덮는다.
교실-사각형, 다양한 아이들이 있다.
구름-여러 모양을 만든다.
선생님-똑똑하다.

3단계 그 특징을 가지고 있는 다른 사물과 연결하기

엄마는 CCTV
아빠는 나무늘보
하늘은 이불
교실은 정리 안 된 필통
구름은 슬라임

1단계 주변의 사물, 사람 등 떠올리기

2단계 1단계에 특징을 연결해 적기

3단계 비유 말놀이 글쓰기

6. 모음 말놀이

- 모음으로 시작하는 낱말로 글쓰기 하는 것

모음은 ㅑㅕㅠㅛㅜㅠㅡㅣㅢㅚ ㅐ 등

1단계 모음 말놀이 낱말 떠올리며 노래 부르기

야야야자로 시작하는 말
야외캠핑,
야식,
야구,
야자수,
야행성

오오오자로 시작하는 말
~

2단계 그중 일기에 사용할 낱말 모음별로 정리하기

아	아침, 아빠
야	야구, 야식
어	엄마, 어제
여	여행, 영어
오	오후, 오늘

3단계 2단계에서 고른 낱말을 가지고 경험한 일 쓰기

아침이었다. 정확히 7시 10분이다.
아빠랑 야구를 하기 위해 우리 학교 운동장에 갔다. 아빠는 배트를 챙겼고, 나는 글로브와 공을 챙겼다.

Tip

경험한 일 쓰기 4단계

1. 언제, 어디서 있었는지 쓰기
   - 예 : 지난 일요일에 공원에 갔어요.
2. 무엇을 했는지 쓰기
   - 예 : 가족과 함께 자전거를 탔어요.
3. 느낀 점 쓰기
   - 예 : 시원한 바람이 불어 상쾌했어요.
4. 배울 점이나 하고 싶은 말 쓰기
   - 예 : 다음에도 가족들이랑 또 자전거를 타고 싶어요.

1단계 모음 말놀이로 낱말 떠올리며 노래 부르기

2단계 그중 일기에 사용할 낱말 모음별로 정리하기

모음	낱말

3단계 고른 낱말로 경험한 일 쓰기

7. 카드 짝 시 쓰기

- 카드 '알콩'의 짝인 '달콩'을 찾거나, 만든 후 시를 완성하는 것

1단계 보기에서 짝을 찾아보거나 직접 만들기

가로( )
갈팡( )
눈치( )
들쑥( )
비몽( )
아기( )
싱숭( )

보기

질팡, 세로, 박죽, 날락, 코치, 날쑥, 생숭, 사몽, 자기

그 외 오른손 왼손, 엄마 아빠, 오락가락 모두 가능

2단계 시에 넣을 낱말 고르기

오순 + 도순
알콩 + 달콩

3단계 시 완성하기

짝

오순이 짝은 도순이
늘 붙어 다녀 오순도순

갈팡이 짝은 질팡이
결정할 일 앞에서 갈팡질팡

1단계 보기에서 카드 짝 찾기

가로(　　　) 갈팡(　　　) 눈치(　　　) 들쑥(　　　)

비몽(　　　) 아기(　　　) 싱숭(　　　)

*직접 만들기

　

보기

자기, 질팡, 세로, 박죽, 날쑥, 코치, 생숭, 사몽

2단계 1단계에서 글에 넣을 것 고르기

　

3단계 시 완성하기

25

8. 계절 동요

계절 동요

- 좋아하는 계절의 특징을 가사로 만들어 동요를 창작하는 것

1단계 내가 좋아하는 계절과 이유 3가지 적기

좋아하는 계절: 가을
1. 바람이 시원하다.
2. 은행잎이 떨어진다.
3. 단풍잎이 알록달록

2단계 1단계에 적은 이유를 리듬을 살린 노래 가사로 바꾸기

1. 살랑살랑 바람
2. 빙글빙글 은행잎
3. 알록달록 단풍잎

3단계 노래를 부르며 박자에 맞게 가사 고치기

1단계 좋아하는 계절과 이유 세 가지 쓰기

내가 좋아하는 계절 :

이유 1.

이유2 .

이유3.

2단계 1단계에 적은 이유를 리듬을 살린 노래 가사로 바꾸기

3단계 노래를 부르며 박자에 맞게 가사 고치기

9. 의성어, 의태어 말놀이

의성어, 의태어 말놀이

- 주변에서 만나는 흉내 내는 말을 찾아 글 쓰는 것

1단계 의성어, 의태어를 큰 소리로 읽어 보기

냠냠 짭짭 아삭아삭 덜컹 앙앙 통통 싹둑싹둑 꿀꿀 짹짹 퉁퉁 드르렁 칙칙폭폭 꿀꺽 윙윙윙

소리를 흉내 내는 말은 의성어
모양이나 움직임을 흉내 내는 말은 의태어

2단계 내가 직접 의성어, 의태어 채우기

냠냠 짭짭 아삭아삭 (   ) (   ) 앙앙 덜컹 통통 (   ) 짹짹 (   ) 꿀꿀 퉁퉁 칙칙폭폭 드르렁 (   ) 꿀꺽 싹둑싹둑 윙윙윙

3단계 의성어, 의태어를 사용해 글쓰기

친구랑 운동장에서 축구를 했다.
데굴데굴 구르는 축구공을 골대로 몰았다.
땀이 등줄기를 타고 **주르륵** 흘렀다.
머릿속에서도 **삐질삐질** 났다.

1단계 내가 아는 의성어, 의태어 쓰기

2단계 사용할 의성어, 의태어 고르기

3단계 의성어, 의태어를 사용해 글쓰기

10. 초성 퀴즈 말놀이

초성 퀴즈 말놀이

- '초성 퀴즈 말놀이'는 퀴즈 문제와 초성 힌트를 직접 만들어 보는 것

강 : ㄱ + ㅏ + ㅇ
(초성) (중성) (종성)

1단계 사물, 사람, 동식물 등 퀴즈를 낼 만한 낱말 하나를 떠올리기

고속도로

달려

2단계 1단계에서 떠오른 낱말로 설명하는 문장 쓰기

차가 빨리 달릴 수 있도록 만든 차 전용 도로는?

3단계 초성 힌트를 남겨 주면 끝

ㄱ ㅅ ㄷ ㄹ

1단계 낱말 떠올리기(5개)

☐ ☐ ☐

☐ ☐

2단계 낱말을 설명하는 문장 쓰기(5개)

①
②
③
④
⑤

3단계 초성 힌트 적기(5개)

☐ ☐ ☐

☐ ☐

11. 반대말 짝 말놀이

- 서로 반대가 되는 말로 시를 짓는 것

1단계 반대말 최대한 많이 찾기

크다 ↔ 작다 　　 얇다 ↔ 두껍다
많다 ↔ 적다 　　 입다 ↔ 벗다
높다 ↔ 낮다 　　 빠르다 ↔ 느리다
춥다 ↔ 덥다 　　 시끄럽다 ↔ 조용하다
켜다 ↔ 끄다

2단계 동시에 쓸 반대말 고르기

크다-작다

3단계 반대말 짝 동시 쓰기

신기한 똥

코끼리는 크다.
똥도 크다.

개미는 작다.
똥도 작다.

1단계 반대말 찾기

	↔				↔	
	↔				↔	
	↔				↔	
	↔				↔	
	↔				↔	

2단계 1단계에서 하나 선택하기

3단계 반대말 짝 동시 쓰기

12. 비슷한 말 묶어 마을 만들기

- 주변에서 비슷한 의미를 지닌 말을 모아 그 의미에 어울리는 마을 이름을 지어 주는 것

1단계 비슷한 말 찾기

괴롭다, 싫다, 지겹다
못마땅하다, 귀찮다, 지루하다, 불만스럽다

3단계 마을 소개하기

불만 마을은 깊은 숲속 먹구름 아래에 있어요. 8채의 집들이 모여 있어요. 빨간 지붕에 사는 괴롭다는 채소 먹는 것을 괴로워하고, …

1단계 비슷한 말 찾기

2단계 마을 이름 지어 주기

3단계 마을 소개하기

13. 10분 아무 말 글쓰기

10분 동안 아무 말 쓰기

- 10분 동안 떠오르는 문장을 마구 적는 것

1단계 타이머 준비하기

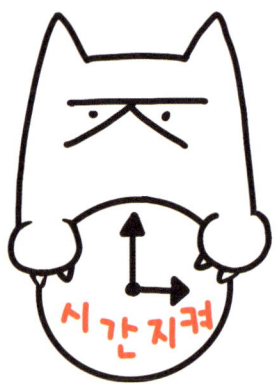

시간지켜

10분이 너무 길면 5분으로
10분이 너무 짧으면 15분으로 변경해.

2단계 주의 사항 읽기

1. 멈추지 않는다.
2. 지우개 사용하지 않는다.
3. 눈치 보지 않고 자유롭게 쓴다.

자, 그럼 종이와 연필 준비!

3단계 연필을 멈추지 않고 써 내려가기. 절대 멈추지 않기

오늘 아침에 일어나기 싫었다. 오늘 아침뿐만 아니라 거의 매일 그런다. 이불속에서 뒤척였다. 이불은 할머니가 생일 선물로 사 줬다. 노란색인데 엄청 푹신하다. 할머니는 나를 제일 좋아한다. 나만 보면 눈에서 꿀이 떨어진다. 꿀 하니 꿀 찍어 먹는 고르곤졸라 피자가 생각난다. 내가 제일 좋아한다. 피자 중에서 말이다. 그러나 나는 피자보다는 한식, 분식을 더 좋아한다. 비빔밥과 떡볶이는 언제 먹어도 맛있다. 감기에 걸렸을 때, 친구들은 약을 먹으면 낫겠지만, 나는 떡볶이를 먹으면 다 낫는다.

1단계 타이머 준비

2단계 종이와 연필 준비

3단계 절대 멈추지 않고 아무거나 떠오르는 것을 써 내려가기

14. 수수께끼 말놀이

수수께끼 말놀이

- 수수께끼를 풀어 나온 답으로 문장을 만드는 것

1단계 제시된 수수께끼 풀기

소비가 심한 동물은?
도둑이 싫어하는 아이스크림은?
펭귄이 다니는 고등학교는?

2단계 답을 정리하기

사자, 누가바, 냉장고

3단계 답으로 나온 낱말로 문장 만들기

날이 너무 더워, **사자**를 돌보는 사육사가 **냉장고**에서 **누가바**를 꺼내 사자에게 내밀었다.

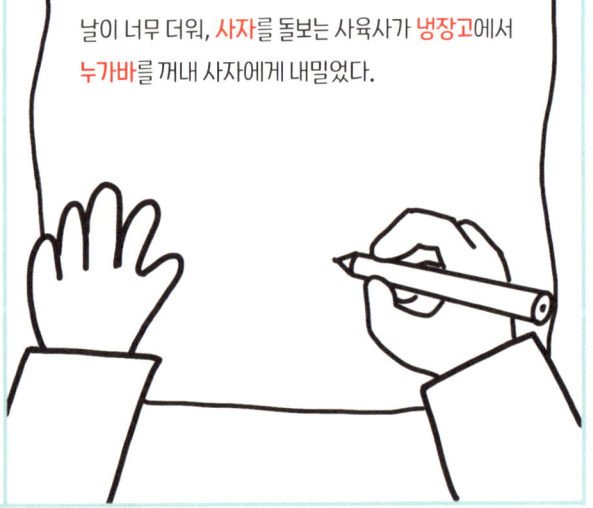

1단계 수수께끼 풀기

① 왕이 넘어지면? ㅋ ㅋ

② 딸기가 직장을 잃으면? ㄸ ㄱ ㅅ ㄹ

③ 소가 웃으면 뭐라고 할까? ㅇ ㅎ ㅎ

④ 산을 잘 타는 할아버지는? ㅅ ㅌ

⑤ 오리인데 물속에서 사는 오리는? ㄱ ㅇ ㄹ

⑥ 망칠수록 돈을 버는 사람은? ㅇ ㅂ

2단계 답 적기

① ☐ ② ☐ ③ ☐
④ ☐ ⑤ ☐ ⑥ ☐

3단계 답으로 문장 만들기

15. 애벌레 똥 싸기

- 애벌레가 음식, 사물 등을 먹고 색 똥을 싸는 것을 글로 쓰는 것

1단계 색깔별로 낱말을 정리하기

빨강-사과, 떡볶이
파랑-수영장, 하늘
노랑-은행잎, 동생 황금 똥
초록-나뭇잎, 애벌레, 청사과
보라-포도, 저녁노을, 멍 자국
검정-까만 콩, 먹구름
흰색-생크림, 마시멜로
갈색-초콜릿, 빵, 캐러멜

2단계 1단계에서 사용할 것 동그라미 하기

3단계 애벌레 똥 싸기 글쓰기

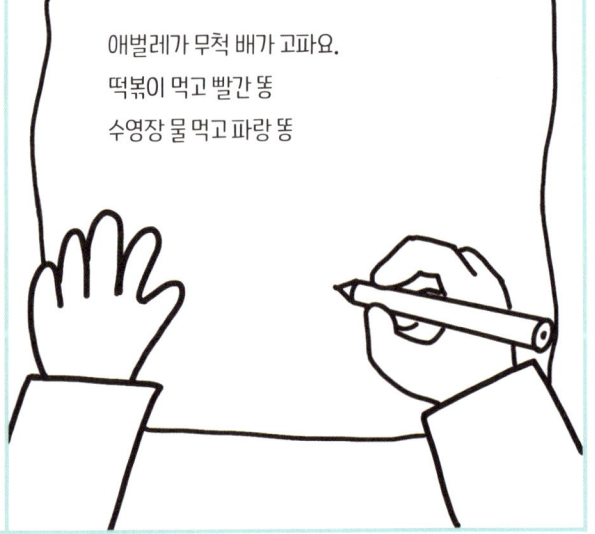

애벌레가 무척 배가 고파요.
떡볶이 먹고 빨간 똥
수영장 물 먹고 파랑 똥

1단계 색깔별로 낱말 떠올리기

색깔	떠오르는 낱말

2단계 1단계에서 고르기

3단계 애벌레 똥 싸기 말놀이

16. 삼행시/ 사행시/ 오행시

삼행시, 사행시, 오행시

- 낱말 개수만큼 문장을 만들어 내는 것

1단계 세 글자 낱말, 네 글자 낱말, 다섯 글자 낱말 8개 이상 떠올리기

세 글자: 바나나, 사과잼, 시험지, 두더지, 옥수수, 놀이터, 캠핑장, 햄버거
네 글자: 옥수수빵, 휴대전화, 사천짜장, 수학 공책, 부대찌개, 호두과자, 바게트빵, 대한민국
다섯 글자: 공기청정기, 다이아몬드, 마시멜로우, 다크초콜릿, 식기세척기, 광개토대왕, 김치냉장고, 비밀 일기장

2단계 1단계에서 낱말 고르기

내가 고른 낱말 : 바나나

3단계 삼행시 쓰기

바: 바다에 가면
나: 나는 튜브를 안 타고 서핑 보드를 탄다
나: 나 좀 멋지지?

1단계 낱말 떠올리기

세 글자 낱말	
네 글자 낱말	
다섯 글자 낱말	

2단계 1단계 중 하나씩 고르기

세 글자 낱말:

네 글자 낱말:

다섯 글자 낱말:

3단계 삼행시, 사행시, 오행시 글쓰기

17. 요일 나라

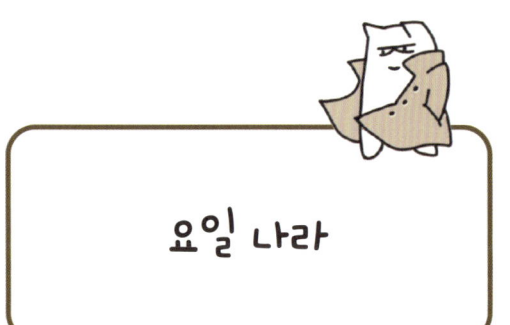

- 요일의 특징을 살려 요일 나라 사람의 특징을 쓰는 것

1단계 요일별 특징 적기

월요일-등교
화요일-수업 많음
수요일-급식 맛있음
목요일-체육 들었음
금요일-주말 기대됨

2단계 요일별 사람 특징 생각하기

월요일-피곤
화요일-화가 많음
수요일-비만
목요일-지고는 못 살아
금요일-그냥 신나고 있음

화요일 나라 거주

3단계 1단계와 2단계를 연결해 글쓰기

월요일 사람은 눈그늘이 내려와 피곤해 보여. 학교 가거나 출근해야 하잖아.
화요일 사람은 자꾸 화를 내. 할 일이 많거든.
…

1단계 요일별 특징 적기

월

화

수

목

금

토

일

2단계 1단계에 요일별 나라 사람 특징 이어서 소개하기

3단계 1단계와 2단계 연결해서 글쓰기

18. 꾸며 주는 말 이모티콘

꾸며 주는 말 이모티콘

- 꾸며 주는 말을 붙여 채소와 과일을 설명하고 어울리는 이모티콘을 그리는 것

1단계 채소, 과일 떠올리기

오이, 가지, 토마토, 배추, 시금치, 사과, 배, 포도, 당근

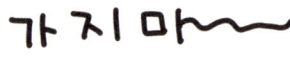

2단계 꾸며 주는 말 붙이기

반응 없는 무
긍정여왕 당근

3단계 어울리는 이모티콘 그리기

1단계 채소, 과일 떠올리기

2단계 꾸며 주는 말 붙이기

3단계 이모티콘 그리기

19. 사계절 콘테스트

- 계절을 사람처럼 생각하고(의인화) 뽐내는 글을 쓰는 것

1단계 봄, 여름, 가을, 겨울의 장점을 생각 그물로 알아보기

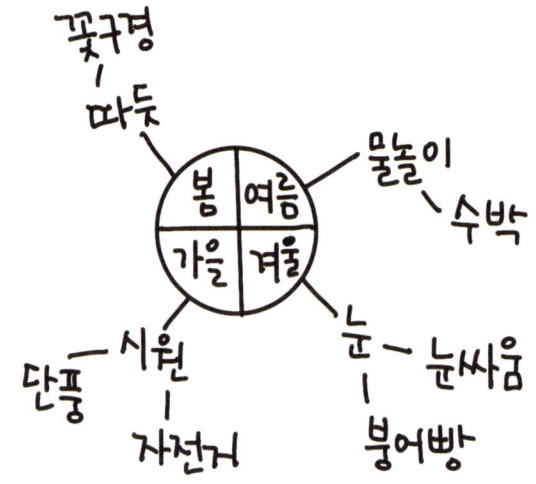

2단계 계절 하나 고르기

3단계 계절 뽐내는 글쓰기

나는 겨울이야. 사람들이 나를 계절의 여왕이라고 불러. 그만큼 아름답고 기품이 넘친다는 뜻 아니겠어? 내가 지금부터 왜 최고인지 알려 줄게.

먼저, 겨울에 할 수 있는 놀이가 많아. 스키, 눈썰매, 눈싸움 등 말이야. 다음으로 겨울 먹거리가 많지. 군고구마, 붕어빵, 호떡, 뜨끈한 어묵, 호빵 등 말이야. 물론 '나' 겨울은 굉장히 춥잖아. 이건 무슨 당연히 장점이지. 때문인 겨울방학을 편하고 즐겁게 계절 중 겨울이 최고지?

1단계 봄, 여름, 가을, 겨울의 장점을 생각 그물로 알아보기

2단계 계절 하나 고르기

내가 고른 계절 :

3단계 계절 뽐내는 글쓰기

20. 숨은 숫자 동시

숨은 숫자 동시

- 주변 사물 등에 숨어 있는 숫자로 동시를 쓰는 것

1단계 주변 사물에 숨겨진 숫자 찾기

8 - 낮잠 자는 아빠 콧구멍
3 - 할머니 이마 주름
1 - 아파트
2 - 오리배
5 - 열쇠
4 - 돛단배

2단계 연과 행을 생각해 배열하기

3단계 숨은 숫자 동시 쓰기

숨은 숫자 찾기

3
세상에서 가장 예쁜
할머니 이마 주름

1단계 숨은 숫자 찾기

①   ⑥

②   ⑦

③   ⑧

④   ⑨

⑤   ⑩

2단계 / 3단계 연과 행을 고려하여 '숨은 숫자 동시' 쓰기

제목 :

21. 고고로 끝나는 말

1단계 마인드맵

2단계 1단계에 순서 정하기

3단계 고고로 끝나는 말놀이 글쓰기

22. 속담 이야기

속담 이야기

- 속담을 소개하는 이야기 쓰기

1단계 속담 정하기

방귀 뀐 놈이 성낸다

재밌는 이야기를 쓰고 말 테야

2단계 인물, 사건, 배경 정하기

인물: 아빠, 엄마, 나
사건: 엄마 방귀 뀐다
배경: 주방 식탁, 저녁 식사 시간

드디어 완성했다

3단계 속담 이야기 쓰기

엄마는 다른 사람 앞에서 절대 방귀를 뀌지 않는다. 그런데 어느 날….

극장에서 만나요!

개봉 박두

1단계 속담 정하기

2단계 인물, 사건, 배경 정하기

인물	
사건	
배경	

3단계 속담 이야기 쓰기

제목 :

23. 무지개 말놀이

무지개 말놀이

- 색깔과 연결해 떠오르는 말을 쓰는 것

1단계 무지개 그리기

(이때 꼭 빨주노초파남보 아니어도 됨. 자기가 좋아하는 색으로 일곱 빛깔 무지개를 그리세요.)

2단계 무지개색을 보면 떠오르는 낱말, 문장 적기

빨강-노을-장미-사과-피
파랑-수영장-물-하늘
노랑-콧물-개나리-유치원

3단계 무지개 글쓰기

빨강은 해 질 녘 바다에 떠 있는 붉은 태양
주황은 자유롭게 마당을 돌아다니는 닭이 낳은 알의 노른자

1단계 무지개 그리기

2단계 무지개 위에 색을 보면 떠오르는 낱말이나 문장 적기

3단계 무지개 글쓰기

57

24. 말꼬리 이어 이어

1단계 첫 문장 생각하기

2단계 '그래서'를 사용해 두 번째 문장 만들기

3단계 '그래서'를 사용해 말꼬리 이어 10문장 글쓰기

25. 고민 해결 요리 레시피

- 고민을 적고, 그 고민을 해결할 수 있는 요리 레시피를 적는 것

1단계 고민 적기

밤에 잠이 잘 안 와요.

2단계 요리 명을 정하고 필요한 재료를 적기

요리 명: 쿨쿨자우유푸딩
재료: 우유, 달걀흰자, 설탕 1스푼, 녹말가루

3단계 요리 레시피와 주의 사항, 효과 적기

만드는 순서
1. 우유를 저으면서 중불에서 끓인다.
2. 물에 녹인 녹말가루를...

주의 사항
1. 딱 하나만 먹는다.
2. 과다 복용 시 지각할 수 있다.
3. 복용 전에 양치를 한다.

효과
1. 먹자마자 하품하며 잔다.
2. 악몽을 꾸지 않는다.

1단계 고민 적기

2단계 요리명을 정하고 필요한 재료를 적기

요리 명 :

요리 재료 :

3단계 요리 레시피와 주의 사항, 효과 적기

만드는 순서 :

효과 :

주의 사항 :

26. 꿈 편지

꿈 편지

- 내 꿈에 관련된 단어를 찾아보고 그 단어를 넣어서 응원 편지를 써 보는 것

너에게 쓰는 다정한 응원 편지를 써 볼래?

1단계 어떤 사람이 되고 싶은지 생각하기

다른 세상을 탐험하는 사람이 되고 싶어.

2단계 그 꿈과 관련된 단어 쓰기

우주 행성, 비행사, 빨간 여우,
탐험, 여행, 세상, 재미

3단계 단어를 넣어서 미래의 나에게 응원의 편지 쓰기

안녕! 지금쯤 **빨간 여우**와 모험을 떠나고 있겠지? 다른 **세상**을 **탐험**하는 사람이 되고 싶다는 생각, 정말 멋져! **우주 행성**들을 **여행**하면서 **비행사**가 되어 하늘을 나는 모습은 상상만 해도 정말 신나는 것 같아.

새로운 행성에는 무엇이 있어? 신기하고 **재미**있는 것 발견했어? 궁금해. 빨간 여우에게도 안부 전해줘. 나는 항상 너를 응원해.

멋진 여행을 떠나는 너를 응원하는 내가.

1단계 어떤 사람이 되고 싶은지 생각하기

2단계 관련 단어 떠올리기

3단계 미래의 나에게 응원의 편지를 쓰기

27. 가~하 말놀이

가~하 말놀이

♪ 가가 가자로 시작하는 말~

- 가~하로 시작하는 단어를 쓰고, 그 단어를 이어서 이야기를 써 보는 것

1단계 가~사로 시작하는 단어 쓰기

가방
나무
다람쥐
라디오
마음
바다
사자

잠깐, 숨 고르면서 쉬었다가,

2단계 아~하로 시작하는 단어 쓰기

아기
자동차
차분
카멜레온
타요
파도
하하하

3단계 가~하 단어를 넣어서 이야기 쓰기

아기 다람쥐는 가방을 메고 나무 위를 뛰어다녔어요. 오늘은 특별한 날이거든요. 아기 다람쥐는 바다로 여행을 떠나기로 결심했어요. 나무 사이로 햇살이 비추고, 바람이 살랑살랑 불어왔어요. 아기 다람쥐는 라디오에서 흘러나오는 신나는 노래를 들으며 발걸음을 옮겼어요. 음악의 리듬에 맞춰 몸을 흔들며 걸으니, 금세 기분이 좋아졌죠. 드디어 바다에 도착했어요. 아기 다람쥐는 눈 앞에 펼쳐진 푸른 바다와 하얀 파도에 감탄했어요. 바로 그때, …

1단계 가~사로 시작하는 단어 쓰기

가 　　　　　　　　　　　　　　　나

다 　　　　　　　　　　　　　　　라

마 　　　　　　　　　　　　　　　바

사

2단계 아~하로 시작하는 단어 쓰기

아 　　　　　　　　　　　　　　　자

차 　　　　　　　　　　　　　　　카

타 　　　　　　　　　　　　　　　파

하

3단계 가~하 단어가 들어가게 이야기 쓰기

28. '~주세요' 동시

'~주세요' 동시

- '~주세요'에 어울리는 단어를 넣어 문장을 만들고 동시를 써 보는 것

1단계 '~주세요'를 넣어 짧은 문장 쓰기

선물 주세요.
나와 놀아 주세요.
노래를 불러 주세요.
내 꿈을 응원해 주세요.
내 이야기를 들어주세요.

2단계 주제 정하기

동시에서 반복되는 말은 운율을 살려줘요.

3단계 '~주세요' 시 쓰기

내 생일

선물 **주세요**
내가 갖고 싶은
커다란 장난감

내 꿈을 응원해 **주세요**
날개를 달고
높이 날아가는 나

내 이야기를 들어**주세요**
소중한 마음 나누고
힘이 되는 시간

1단계 '~주세요'를 넣어 짧은 문장 쓰기

2단계 주제 정하기

3단계 '~주세요' 시 쓰기

29. ㄱ~ㅎ 독후감

ㄱ~ㅎ 독후감 쓰기

- 좋아하는 책을 한 권 고르고 책에서 ㄱ~ㅎ 초성으로 시작하는 단어를 찾아서 독후감을 써 보는 것

책을 읽고 떠오르는 단어를 적어도 OK!

1단계 제일 좋아하는 동화책 고르기

「스파이더맨 지퍼」
책을 펼쳐서 ㄱ~ㅎ 초성 단어를 찾아.

2단계 책을 펼쳐서 ㄱ~ㅎ 초성이 들어가는 단어 찾기

㉠ 거미도령 ㉥ 발버둥   ㉦ 캐릭터
㉡ 나무   ㉧ 스파이더맨 ㉨ 특별
㉢ 도깨비   ㉩ 용기   ㉪ 패배
㉣ 리더   ㉫ 지퍼   ㉬ 호랑이
㉤ 무정   ㉭ 친구

어디있니?

3단계 단어를 넣어 독후감 쓰기

이 책의 제목은 스파이더맨 지퍼야.
이 책을 왜 읽게 되었냐면 내가 좋아하는 스파이더맨이 나오는 이야기일 것 같아서 골랐어.
책의 줄거리는 씨름 말고는 아무것도 하기 싫은 무정이가 스파이더맨 후드티 지퍼를 올렸는데, 과거로 가게 된 거야. 어흐흥 소리가 들리더니 갑자기 호랑이가 나타났어. 나무 위로 피한 무정이를 덕령이가 구해주고 거미도령이라고 부르며 친구가 돼. 같이 서당에 가게 되는데, 도깨비가 훈장님을 잡아먹었대. 훈장님을 구하려면 도깨비와 씨름을 해서 이겨야 해. 그 뒤에 이야기는 한 번 읽어봐.
제일 인상 깊은 장면은 무정이가 과거로 가서 지퍼를 열었는데, 앞에 호랑이가 있는 장면이었어. 나 같았으면 너무 놀라서 기절했을 거야.

1단계 제일 좋아하는 동화책 고르기

2단계 책에서 ㄱ~ㅎ 초성이 들어가는 단어 찾기

ㄱ	ㅂ	ㅋ
ㄴ	ㅅ	ㅌ
ㄷ	ㅇ	ㅍ
ㄹ	ㅈ	ㅎ
ㅁ	ㅊ	

3단계 단어를 넣어 독후감 쓰기

이 책의 제목은

이 책을 왜 읽게 되었냐면

책의 줄거리는

제일 인상 깊은 장면은

이 책을   친구에게 추천하고 싶어.

30. 말 덧붙이기

- 주제에 대해 떠오르는 말을 하고 그 말을 반복하고 새로운 말을 덧붙이는 것

친구와 함께하면 더 재미있어!

1단계 '학교'에 가면 생각나는 단어 찾기

친구, 선생님, 운동장, 급식, 책, 놀이, 계단, 축구공, 줄넘기, 체육, 음악…

2단계 '학교에 가면' 놀이하기

학교에 가면 친구도 있고
학교에 가면 친구도 있고 선생님도 있고
학교에 가면 친구도 있고 선생님도 있고 체육도 있고
학교에 가면 친구도 있고 선생님도 있고 체육도 있고 급식도 있고
학교에 가면 친구도 있고 선생님도 있고 체육도 있고 급식도 있고 음악도 있고…

3단계 단어를 넣어 경험 떠올리며 글쓰기

수요일은 내가 제일 좋아하는 요일이다. 체육과 음악이 들어있는 날이기 때문이다. 하지만, 저번 주 체육 시간에 있었던 일 때문에 수요일이 조금 싫어졌다.
체육 시간에 수연이랑 줄넘기하다가 싸웠다. 이단 뛰기를 하는데 수연이가 계속 줄에 걸렸다. "이단 뛰기는 가볍게 몸을 뛰면서 바르게 줄을 돌려." 난 친절하게 말했다. 그런데 수연이가 화를 냈다. 체육 시간을 망쳤다. 급식 시간에도 우리는 서로 모르는 척했다.

1단계 '학교에 가면' 생각나는 단어 찾기

2단계 친구와 '학교에 가면' 놀이하기

학교에 가면

                  있고,   있고,   있고,

                  있고,   있고,   있고,

                  있고,   있고,   있고,

                  있다.

3단계 단어를 넣어 경험 떠올리며 글쓰기

31. 소리를 들어봐 동시

소리를 들어봐 동시

- 눈을 감고 들리는 소리에 집중해서 그 소리를 적고 동시로 쓰는 것

들리는 소리를 글자로 표현해 보는 것이 포인트!

집중! 1단계
눈을 감고 온 감각을 귀로 모아, 들리는 소리에 집중하세요!

2단계 들리는 소리를 그대로 적기

드득드득 드드득
휘이이이 쿠이이이이
투 툭 투툭툭
두둥두둥살랑

3단계 소리를 넣어 시 쓰기

춤 출래

드득드득 드드득
함께 춤출래?

휘이이이 쿠이이이이
바람이 춤을 춰.

새들이 춤을 춰.
투툭 투툭툭

모두가 함께 흔들려.
두둥두둥살랑

1단계 눈을 감고 소리에 집중하기

2단계 들리는 소리 적기

3단계 소리를 넣어 동시 쓰기

32. 알쏭달쏭 수수께끼

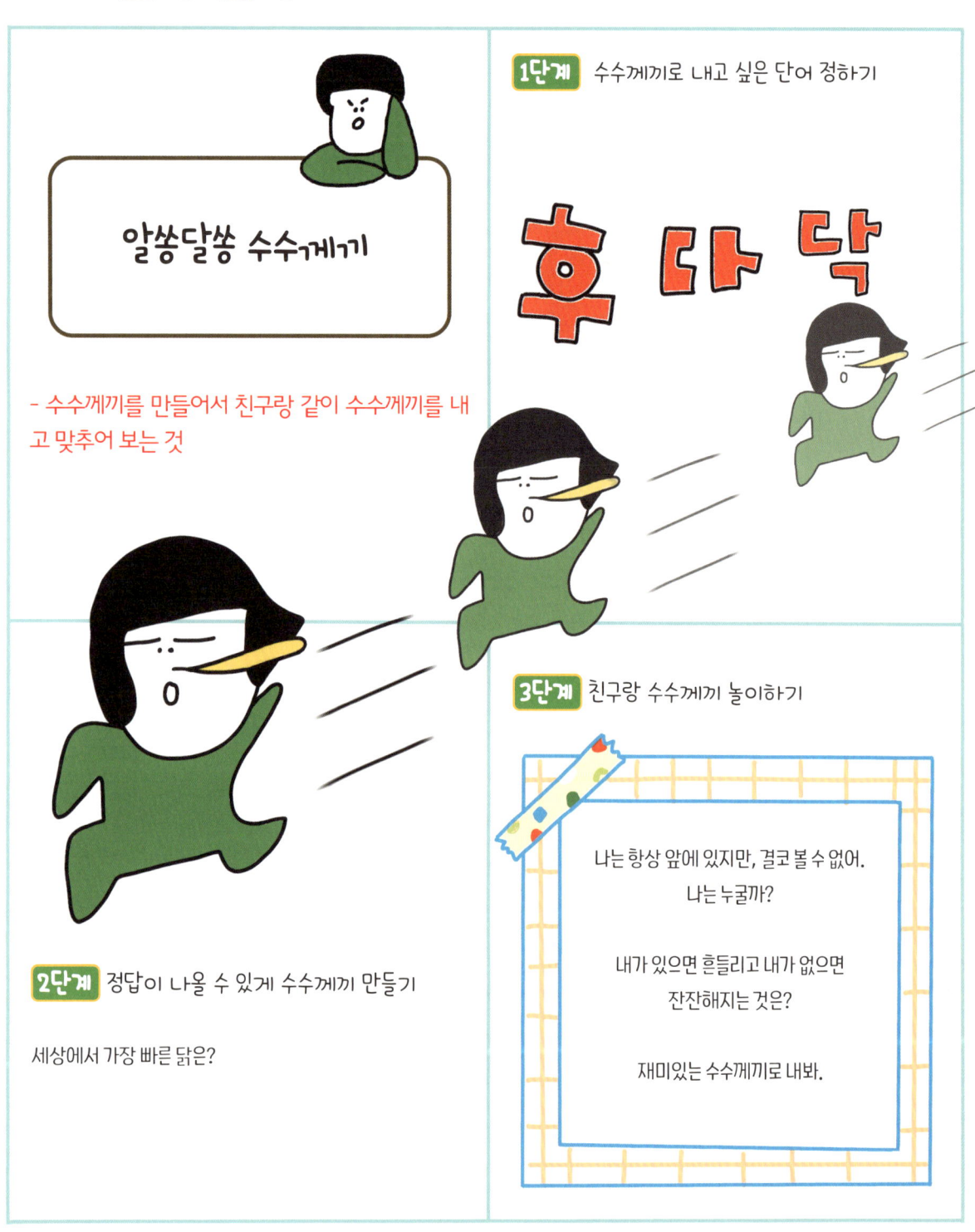

알쏭달쏭 수수께끼

- 수수께끼를 만들어서 친구랑 같이 수수께끼를 내고 맞추어 보는 것

1단계 수수께끼로 내고 싶은 단어 정하기

후 다 닥

2단계 정답이 나올 수 있게 수수께끼 만들기

세상에서 가장 빠른 닭은?

3단계 친구랑 수수께끼 놀이하기

나는 항상 앞에 있지만, 결코 볼 수 없어.
나는 누굴까?

내가 있으면 흔들리고 내가 없으면
잔잔해지는 것은?

재미있는 수수께끼로 내봐.

1단계 수수께끼로 내고 싶은 단어 정하기

2단계 수수께끼 만들기

3단계 수수께끼 놀이하기

33. 꽁지따기 말놀이

꽁지따기 말놀이

- '사과는 빨개'처럼 비슷한 것을 떠올려서 말을 이어가는 것

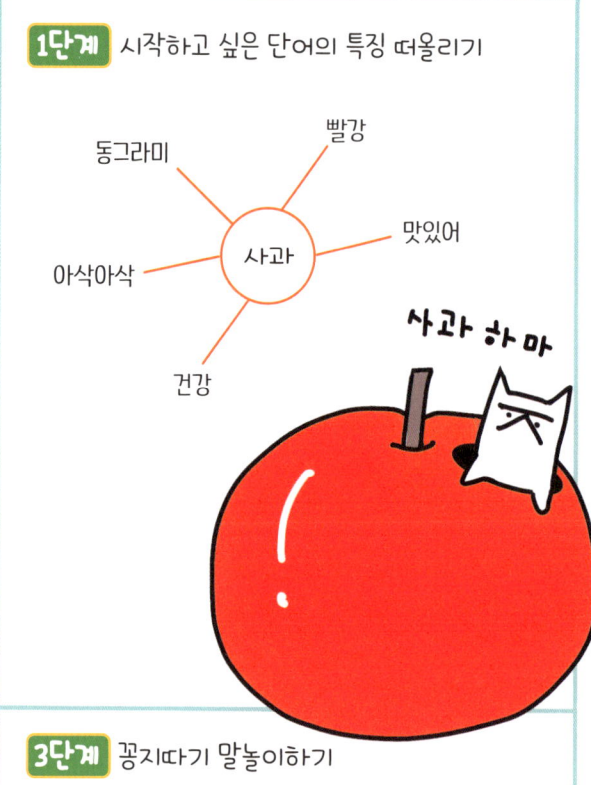

1단계 시작하고 싶은 단어의 특징 떠올리기

사과 — 동그라미, 빨강, 맛있어, 아삭아삭, 건강

사과 하마

2단계 그중에서 '사과는 빨개'로 시작하면 그 뒤를 이어서 '빨갛다'의 특징이 담긴 단어를 말하기

예컨데

사과는 빨개,
빨간 건 여름

3단계 꽁지따기 말놀이하기

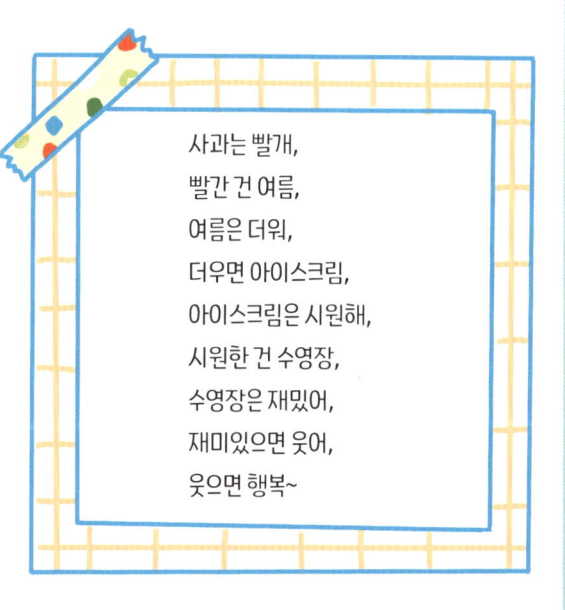

사과는 빨개,
빨간 건 여름,
여름은 더워,
더우면 아이스크림,
아이스크림은 시원해,
시원한 건 수영장,
수영장은 재밌어,
재미있으면 웃어,
웃으면 행복~

1단계 시작하고 싶은 단어의 특징 떠올리기

2단계 시작할 특징 정하기

3단계 꽁지따기 말놀이하기

34. 스무고개 탐정

- 주변의 사물, 인물, 동물을 마음속으로 생각하면 다른 사람이 스무 번까지 질문해서 그것을 알아맞히는 것

1단계 주변의 사물, 인물, 동물 중 하나를 마음속으로 떠올리기

아이스크림

2단계 질문에 '예', '아니오'로 대답할 수 있는 스무 개의 질문을 만들기

한 고개, 그것은 동물입니까?
두 고개, 살아있습니까?
세 고개, 학교에 있습니까?
네 고개, 그것은 음식입니까?
다섯 고개, 그것은 따뜻합니까?
...
열여덟 고개, 그것은 달콤합니까?
열아홉 고개, 디저트입니까?
스무고개, 아이스크림입니까?

3단계 '예'라고 대답한 질문을 모아 대상을 설명하는 글쓰기

아이스크림에 대해 설명하겠습니다. 그것은 음식입니다. 차가운 음식으로 여름에 주로 먹습니다. 부드럽고 여러 가지 맛이 있습니다, 아이들이 특히 좋아합니다. 우유가 들어가기도 하고 토핑을 추가할 수도 있습니다. 달콤한 디저트로 맛있습니다.

1단계 주변의 사물, 인물, 동물 중 하나를 마음속으로 떠올리기

2단계 질문에 '예', '아니오'로 대답할 수 있는 스무 개의 질문을 만들기

3단계 '예'라고 대답한 질문을 모아 설명하는 글쓰기

35. 주고받는 말놀이

주고받는 말놀이

- 묻고 답하면서 주고받고 말놀이하는 것

1단계 어떤 주제로 주고받는 말놀이를 할지 정하기

숫자로 해 보자.
하나, 둘, 셋, 넷, 다섯
여섯, 일곱, 여덟, 아홉, 열

2단계 숫자를 떠올리며 특징 찾기

하나는 뭐야?
태양, 달, 연필 한 자루,

둘은 뭐야?
손, 눈, 다리

셋은 뭐야?
토끼 세 마리, 세 잎 클로버

3단계 주고받는 말놀이 글쓰기

하나는 뭐야?
연필 한 자루

둘은 뭐야?
토끼 눈

셋은 뭐야?
세 잎 클로버

넷은 뭐야?
식탁 다리 넷

1단계 숫자로 주고받는 말놀이

2단계 숫자를 떠올리며 특징 찾기

3단계 주고받는 놀이하기

하나는 뭐야?

둘은 뭐야?

셋은 뭐야?

넷은 뭐야?

다섯은 뭐야?

여섯은 뭐야?

일곱은 뭐야?

여덟은 뭐야?

아홉은 뭐야?

열은 뭐야?

36. 뒤 속담 맞추기

뒤 속담 맞추기

- 속담의 앞부분과 뒷부분을 연결해서 맞추고 뜻이 드러나게 글을 써 보는 것

1단계 속담의 앞부분 말하기

'도둑이'
그다음은?
　도둑이　　　　　　제 발 저린다.

2단계 속담의 뒷부분과 연결하기

고래 싸움에　　　·　　　· 호랑이를 잡는다
호랑이 굴에 가야 ·　　　· 오는 말도 곱다
바늘 도둑이　　　·　　　· 새우 등 터진다
가는 말이 고와야 ·　　　· 맞들면 낫다
백지장도　　　　·　　　· 제 발 저리다
도둑이　　　　　·　　　· 소도둑 된다

3단계 속담 하나 골라 속담의 뜻이 드러나게 글 쓰기

욕심쟁이 장 영감 집에 한 선비가 묵어가게 되었습니다. 그런데 절구 안에 넣어 둔 선비의 봇짐이 밤사이에 감쪽같이 사라져 버렸습니다. 장 영감은 절구를 도둑이라고 몰아붙이며 불같이 화를 냈습니다. 딱 **도둑이 제 발 저린** 꼴이었습니다. 사또는 이를 보고 도둑인 절구를 귀양보내기로 했습니다. 기분이 좋은 장 영감을 보고 사또는 주인인 장 영감에게 절구를 …… 값을 가라

1단계 내가 아는 속담의 앞부분 말하기

2단계 속담의 앞부분과 뒷부분을 연결하기

고래 싸움에 · · 호랑이를 잡는다

호랑이 굴에 가야 · · 오는 말도 곱다

바늘 도둑이 · · 새우 등 터진다

가는 말이 고와야 · · 맞들면 낫다

백지장도 · · 제 발 저리다

도둑이 · · 소도둑 된다

3단계 속담 하나 골라 뜻이 드러나게 글 쓰기

37. 1분 생각

1분 생각 글쓰기

- 1분 동안 생각나는 것을 모두 적고 그것을 활용해서 글을 쓰는 것

1단계 자! 타이머 1분 누르기

2단계 1분 동안 떠오르는 생각을 꼬리에 꼬리를 물고 적기

하늘, 꽃, 마라탕, 탕후루, 방울토마토, 수학, 곱셈, 친구, 체험학습, 삼각김밥, 엄마, 김밥, 단무지, 산타 할아버지, 선물

생각 상자

3단계 생각을 엮어서 글쓰기

오늘 아침은 하늘이 맑아서 기분이 좋았어. 학교 가는 길에 꽃이 피어있어서 예뻤어. 점심시간에는 내가 제일 좋아하는 마라탕이 나왔어. 마라탕에는 탕후루를 같이 먹어야 하는데, 방울토마토라니 실망이었어.
수학 시간에는 수학 문제가 어려웠어. 곱셈을 못 풀고 있으니까 친구가 도와줬어. 빨리 내일이 오면 좋겠어. 체험학습 가는 날이라 도시락을 싸야 해. 엄마는 김밥을 싸 준다고 했는데, 내가 싫다고 했어.

1단계 1분 타이머 맞추기

2단계 1분 동안 떠오르는 생각을 꼬리에 꼬리를 물고 적기

....
....
....
....

3단계 생각을 엮어 글쓰기

....
....
....
....
....
....
....
....

38. 겪은 일 쓰기

1단계 소재 떠올리기

2단계 1단계에서 적은 소재를 보며 떠오르는 생각 적기

3단계 겪은 일 쓰기

39. 십자말놀이

- 가로, 세로 칸에 단어를 쓰고, 단어를 설명하는 글을 써서 십자놀이를 만들어 보는 것.

1단계 십자놀이를 만들 단어 쓰기

자동차, 동물, 바나나, 나무, 무지개, 지구, 친구, 축구

2단계 가로 세로로 단어 연결하기

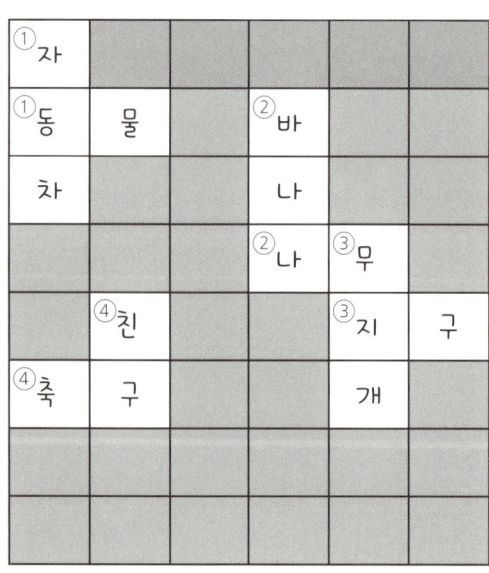

3단계 단어를 설명하는 글쓰기

세로
(1)사람이나 화물을 운송하기 위한 것
(2)열대 과일로 길고 노란 껍질이 있고 달콤해
(3)빗방울이나 물방울에 의해 생기는 자연현상으로 보통 일곱 가지 색상의 아치 형태로 나타나.
(4)서로 친밀한 지내며 서로를 지지하는 사람

가로
(1)다양한 크기를 가진 생물
(2)두꺼운 줄기와 가지를 가지고 있는 식물
(3)태양계 행성으로 우리가 살고 있는 곳
(4)두 팀이 공을 사용해서 상대 팀 골문에 공을 넣는 스포츠

* 국어사전을 참고해도 좋아!

1단계 십자놀이를 만들 단어 쓰기

2단계 가로 세로로 단어 연결하기

3단계 단어를 설명하는 글쓰기

40. 거꾸로 단어 노래

거꾸로 단어 노래

- 똑바로 읽어도 거꾸로 읽어도 똑같은 단어를 찾아 동요를 만드는 것

1단계 똑바로 읽어도 거꾸로 읽어도 똑같은 단어 찾기

토마토
기러기
스위스
별똥별
아시아

2단계 단어를 넣어서 노래 가사 쓰기

똑바로 읽어도
거꾸로 읽어도
토마토 토마토
기 러기 기러기
반짝반짝 별똥별
똑바로 읽어도
거꾸로 읽어도
~

3단계 노래 부르기

1단계 똑바로 읽어도 거꾸로 읽어도 똑같은 단어 찾기

2단계 단어를 넣어서 노래 가사 쓰기

3단계 노래 부르기

41. 묘사 글쓰기

묘사

- 묘사는 마치 그림을 그리듯 자세히 글로 쓰는 것

1단계 사물 정하기

피자

2단계 피자를 떠올리고, 자세히 나타내기

재료 : 치즈, 베이컨, 새우, 토마토소스, 버섯
모양 : 둥근 모양, 8조각, 도어의 종류 다양
색깔 : 주황색, 연노란색, 갈색, 붉은색
냄새 : 고소함, 침이 꼴딱하는 냄새
느낌 : 물컹물컹, 부드러움, 씹히는 맛

어깨 피자

그 피자 아니잖아

3단계 묘사하기

나는 피자를 정말 좋아해! 피자는 둥글고, 크고, 뚱뚱해. 바닥은 노란색이고, 위에는 빨간 토마토소스가 가득해. 치즈는 하얗고, 뜨거워서 녹아 있어. 치즈는 쭈욱 늘어나. 피자 위에는 여러 가지 재료가 있어. 올리브는 검은색이고, 파프리카는 주황색, 그리고 버섯은 갈색이야. 이 재료들이 섞여서 피자가 더 맛있어 보여.
말 맛있어! 침이 꼴딱 넘어가는 냄새

1단계 사물 정하기

2단계 자세히 나타내기

재료 :

모양 :

색깔 :

냄새 :

느낌 :

3단계 묘사하기

42. 사다리 타기

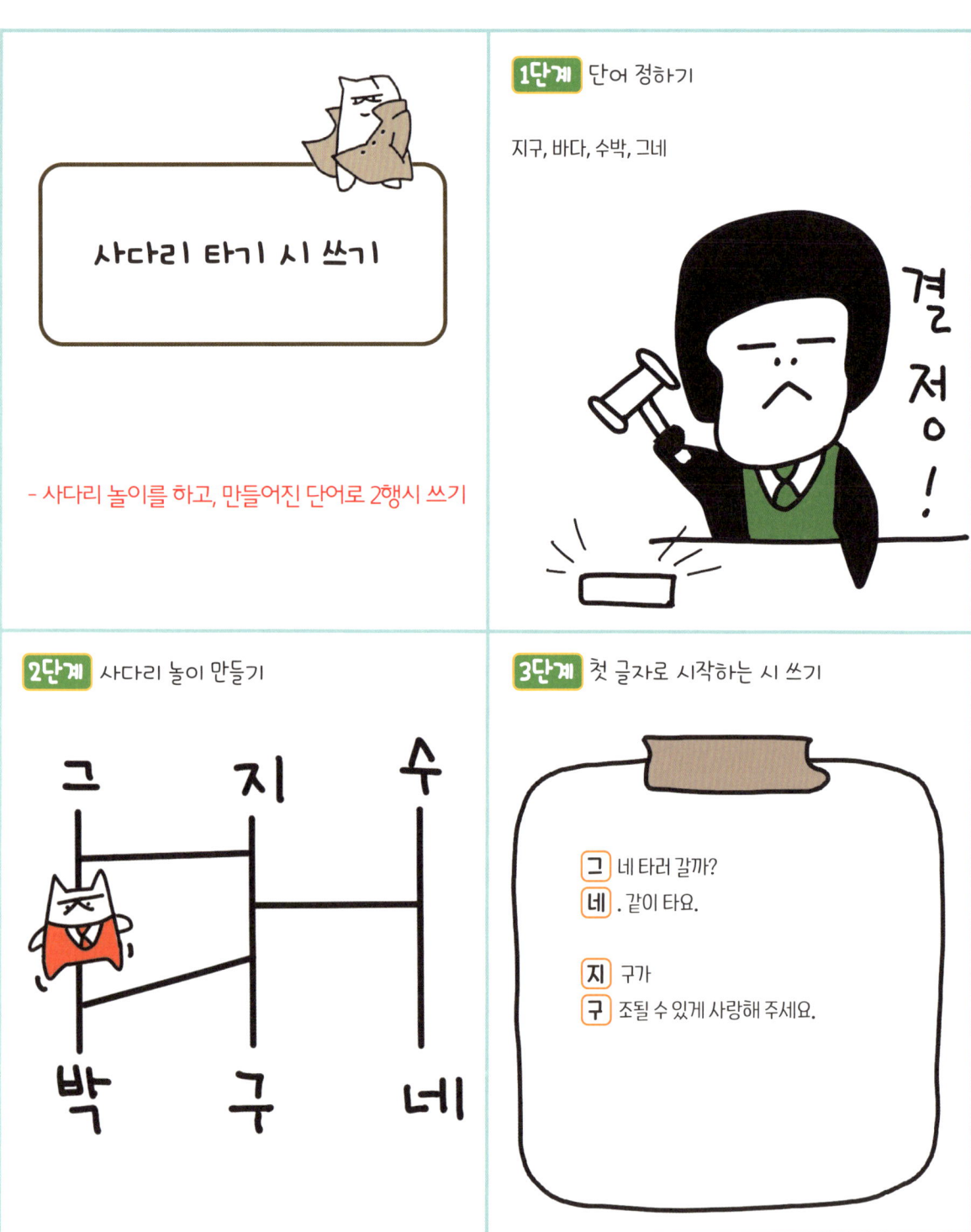

사다리 타기 시 쓰기

- 사다리 놀이를 하고, 만들어진 단어로 2행시 쓰기

1단계 단어 정하기

지구, 바다, 수박, 그네

2단계 사다리 놀이 만들기

3단계 첫 글자로 시작하는 시 쓰기

[그] 네 타러 갈까?
[네] . 같이 타요.

[지] 구가
[구] 조될 수 있게 사랑해 주세요.

1단계 단어 정하기

고래, 한국 ,   ,   ,

2단계 사다리 놀이 만들기

3단계 첫 글자로 시작하는 시 쓰기

43. 나만의 날씨

- 날씨를 나만의 생각과 느낌을 넣어 표현해 보는 것

1단계 날씨에 관한 낱말 꺼내기

맑음, 비, 눈, 바람

2단계 날씨에 대한 느낌과 생각 적기

맑은 날: 하늘이 푸르른 바다처럼 깨끗한 날
비 오는 날: 구름이 눈물 흘리는 날
눈 오는 날: 세상이 하얀 솜사탕으로 덮인 날

3단계 나만의 날씨 표현을 적어서 일기 쓰기

9월 27일 금요일

구름이 눈물 흘리는 날
하늘이 흐리고 비가 조금씩 내렸다. 날씨가 우울해서 그런지 기분도 별로 좋지 않았다.
학교에서 친구 민수랑 축구를 하다가 싸웠다. 처음에는 재밌게 공을 차고 있었다. 내가 패스했는데, 민수가 공을 놓쳤다. 그때 내가 "왜 이렇게 못 차?"라고 했더니 민수가 화가 나서 "너도 잘하지 못하면서!"라고 대답했다. 그래서 결국 싸우게 됐다.
오늘은 날씨처럼 마음이 복잡했던 하루였다. 다행히 집에 올 때 화해했다. 내일은 더 좋은 날이었으면 좋겠다!

1단계 날씨에 관한 낱말 꺼내기

2단계 날씨에 대한 느낌과 생각 적기

3단계 나만의 날씨 표현을 적어서 일기 쓰기

44. 다섯 글자

- 다섯 글자로 문장을 써서 한편의 글을 완성하는 것

1단계 다섯 글자 글쓰기를 할 주제 정하기

2단계 '마음'을 다섯 글자로 표현하기

마음이 따뜻

3단계 다섯 글자 글쓰기

마음이 따뜻
사랑 피어나
슬픔도 함께
기쁨이 넘쳐
우정이 깊어

1단계 다섯 글자 글쓰기할 주제 정하기

2단계 정한 주제로 다섯 글자로 표현하기

3단계 다섯 글자 글쓰기

45. 오감 쓰기

오감 쓰기

- 주변의 사물을 관찰하여 오감으로 표현하여 글을 쓰는 것

1단계 관찰할 사물 선택하기

귤

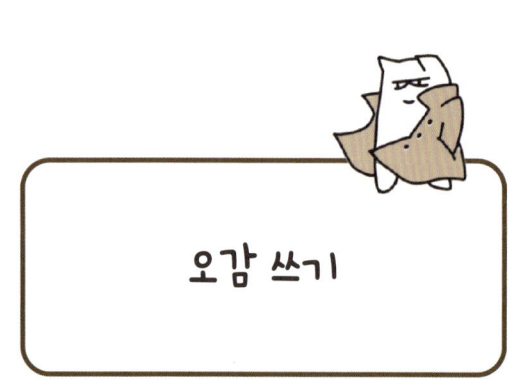

2단계 오감을 활용해 묘사하기

시각: 주황색
청각: 귤껍질을 벗길 때, 쫘아악 하는 소리
촉각: 울퉁불퉁 차가운 표면, 껍질을 까면 부드러운 알맹이
미각: 달콤하고 상큼한 맛, 즙이 가득한 식감
후각: 상큼하고 달콤한 향기

멋지게 그려 줘

3단계 오감으로 글쓰기

예쁜 주황색, 동글동글한 귤.
귤껍질은 부드러우면서 울퉁불퉁하다.
귤껍질을 쫘아악 벗기고 귤을 한 조각 먹으면
새콤달콤한 맛이 입안에 퍼진다.
귤에서 나는 향기는…

1단계 관찰할 사물 선택하기

2단계 오감을 활용해 묘사하기

시각:

청각:

촉각:

미각:

후각:

3단계 오감으로 글쓰기

46. 그림 글자

- 글자를 그림으로 변형하여 그리고, 그 글자 그림을 설명하는 글을 쓰는 것

1단계 그림으로 만들 글자 정하기

학교

2단계 '학교'의 특징과 느낌이 잘 드러나게 그림 글자 그리기

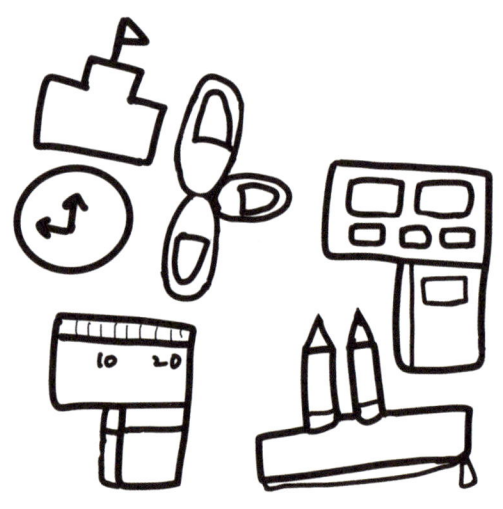

3단계 그림 글자 설명하는 글쓰기

이 그림은 '학교'라는 글자를 그린 그림글자예요. 학교에서 사용하는 여러 가지 물건이 모여서 글자가 되었어요. 'ㅎ'의 'ㅗ'은 학교 기호예요. 학교에 관한 그림이라는 뜻이지요. 'ㅎ'의 'ㅇ'은 시계예요. 학교는 시간표대로 하루가 진행이 되니까요. 'ㅏ'는 실내화 세 개를 모았어요. 친구들이 한발씩 모아 우정을 키우는 것을 상징하지요. 받침의 'ㄱ'은 자와 지우개고, 두 번째 글자의 'ㄱ'은 식판과 공책이에요. '교' 자에서 'ㅛ'는 연필과 필통으로 그렸어요.

1단계 그림으로 만들 글자 정하기

2단계 글자의 특징과 느낌이 잘 드러나게 그림 글자 그리기

3단계 그림 글자 설명하는 글쓰기

47. 내 마음대로 옛이야기

- 옛이야기의 인물, 사건, 배경을 내 마음대로 바꿔 새롭게 써 보는 것

1단계 좋아하는 옛이야기 정하기

「팥죽할멈과 호랑이」

옛날에 마음씨 좋은 팥죽할멈이 살고 있었는데, 호랑이가 잡아먹으려고 했어. 할머니는 동짓날 팥죽을 쑤어 나눠 먹을 때까지 기다려 달라고 했지. 동짓날 할머니의 팥죽을 나눠 먹은 작은 것들이 힘을 합쳐 호랑이를 물리친다는 이야기야.

2단계 인물, 사건, 배경(시간적 배경, 공간적 배경)을 바꾸기

3단계 내 마음대로 호랑이를 주인공으로 옛이야기 쓰기

나는 강한 힘과 빠른 발을 가진 숲속의 호랑이다. 어느 날, 배가 고파서 숲을 헤매고 있는데, 달콤한 냄새가 코를 간질였다.
"무슨 냄새지?"
나는 그 냄새를 따라가기로 했다. 냄새를 따라가다 보니, 한 집이 나타났다. 집 안에서 할멈이 팥죽을 끓이고 있었다.
'맛있는 팥죽 먹고 싶다. 빨리 먹고 싶어.'
나는 조심스럽게 집으로 다가갔다.
"호랑이다! 도망가야 해!"
할멈은 나를 보고 깜짝 놀라며 소리쳤다.
"잠깐만, 나는 너를 해치려는 게 아니야!"
내 말이 끝나기도 전에 할멈은 이미 겁에 질려서 도망치고 있었다.

1단계 좋아하는 옛이야기 정하기

2단계 등장인물, 공간, 배경 등 바꾸기

3단계 내 마음대로 옛이야기 쓰기

48. 숨겨진 단어 찾기

- 탐정이 되어 숨겨진 단어를 찾고 그 단어로 탐정 이야기를 쓰는 것

1단계 숨겨진 단어 찾기

방	목	가	육	추	장	단	반	파	후
약	귀	자	호	범	관	서	반	가	정
육	범	타	약	하	단	행	범	타	카
코	행	귀	서	도	현	자	타	탐	정
장	범	타	서	코	도	전	자	타	코
방	코	여	목	참	참	거	양	반	육
현	튜	추	여	목	격	자	초	크	지
장	파	도	전	튜	양	장	고	약	귀
타	격	반	서	추	크	이	파	양	코
격	가	파	타	관	목	코	차	타	이

2단계 찾은 단어를 쓰고 탐정 캐릭터와 사건을 떠올리기

탐정 이름: 멍뭉이

탐정 캐릭터: 움직이는 것을 귀찮아하고 게으르다. 그러나 사건만 생기면 눈이 예리하게 변한다. 사건이 생기면 트렌치코트와 돋보기를 챙겨서 나간다. 멍뭉이에게 해결하지 못한 사건은 없다.

사건: 사라진 자전거

3단계 탐정 이야기 쓰기

고양이 탐정 멍뭉이는 사건들을 해결하는 유명한 탐정이었어요. 어느 날, 학교에서 이상한 일이 벌어졌습니다. 학생들의 자전거가 사라졌어요. 쏘니는 멍뭉이 탐정에게 사건 해결을 부탁했습니다.
"멍뭉이 탐정, 도와줄 수 있을까? 친구들의 자전거가 사라졌어!"
멍뭉이 탐정은 결심했습니다. "걱정 마! 내가 반드시 자전거를 찾을게!" 그리고 돋보기를 챙겨 사건 현장으로 나갔습니다.

1단계 숨겨진 단어 찾기

2단계 찾은 단어를 쓰고 탐정 캐릭터와 사건을 떠올리기

3단계 탐정 이야기 쓰기

49. 나도 작가

- 알고 있는 이야기의 뒷이야기를 쓰는 것

1단계 이야기 정하기

토끼와 거북이

2단계 개요 짜기

1. 토끼는 거북이에게 졌어요.
2. 토끼는 억울했죠. 거북이에게 일주일 뒤 다시 경주하자고 했어요.
3. 거북이는 걱정이 컸어요. 운이 좋아 이겼으니까요.
4. 거북이는 시름시름 앓았어요. 그때 꾀 많은 여우가 찾아왔지요.
…

3단계 개요를 매끄럽게 이어 뒷이야기 쓰기

토끼는 경기에 져서 억울했어요.
"내가 느림보 거북이한테 진다는 것이 말이 돼?"
토끼는 거북이한테 다시 도전장을 내밀었어요.
"저번에는 내가 잠을 자 버렸어. 이건 순전히 네가 운이 좋아서 이긴 거야. 네 실력이 아니란 말이지. 그러니 다시 해. 다음 주 토요일 도봉산 아래로 와."
거북이는 거절하고 싶었지만, 자신을 느리다고 놀리는 토끼가 얄미웠어요. 뭐든 노력하면 안 될 것이 없다고 생각하는 거북이는 그날부터 열심히 달리기 연습을 했지요. 그런데 아무리 연습을 해도 속도가 더 빨라지지 않았어요. 거북이는 시름시름 앓았어요. 그때 누군가 거북이를 찾아왔어요. 꾀 많은 여우였어요. ….

1단계 이야기 정하기

2단계 개요 짜기

3단계 개요를 매끄럽게 이어 뒷이야기 쓰기

50. 북리뷰 쓰기

북리뷰 쓰기

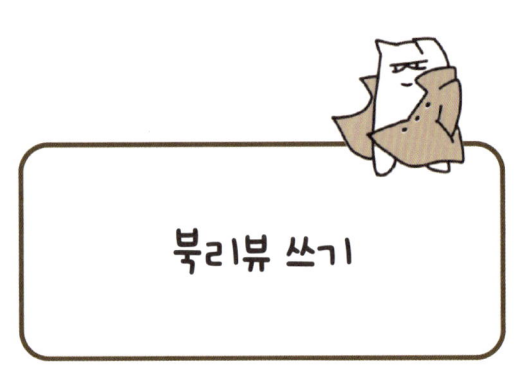

- 책을 다 읽고, 내용과 자신의 생각과 느낌을 적는 것

1단계 이 책으로 공부하면서 나의 글쓰기는 어떤 점이 성장했는지 생각하기

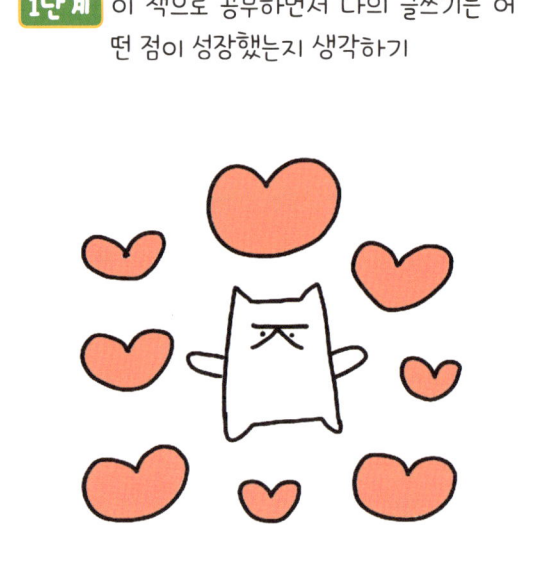

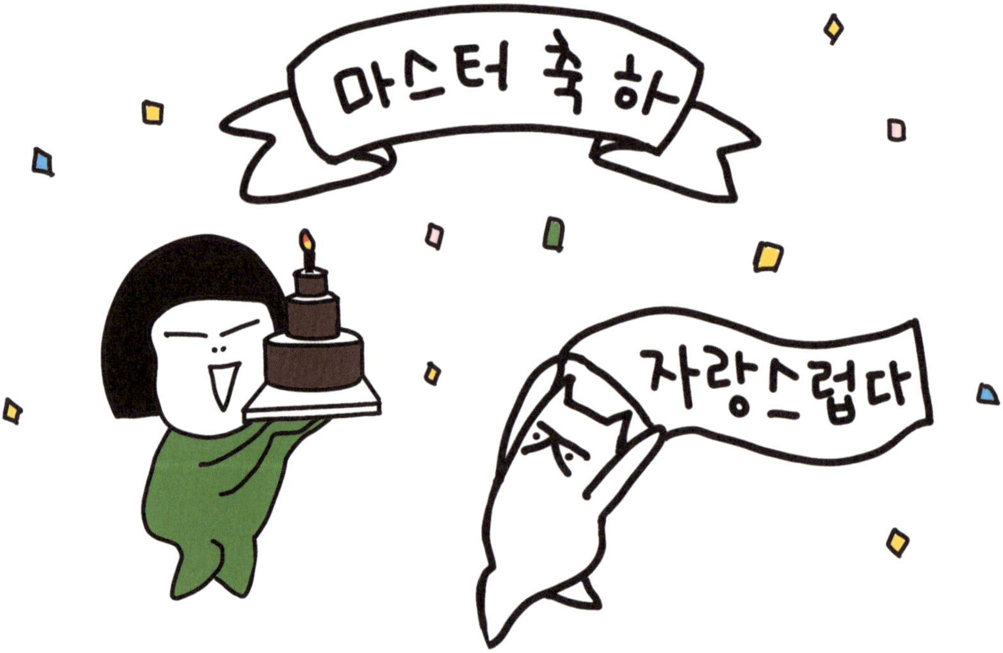

1단계 글쓰기가 중요한 이유 적기

1
2
3

2단계 이 책이 글쓰기에 도움을 준 점 적기

1
2
3

3단계 북리뷰 쓰기

책을 고르게 된 이유

책의 내용

인상적인 부분

느낀 점

권하고 싶은 사람